삼국을 통일한 뒤, 신라는 시간이 흐를수록 어수선했습니다.
귀족들은 나랏일과 백성을 돌보기보다는 잇속 챙기기에 바빴고,
오랜 가뭄과 흉년에 시달리던 백성들은 도적 떼가 되기도 했지요.

이 혼란한 시기에 **신라의 왕자**로 태어났지만
버림을 받아야 했던 한 아이가 있었지요.
아이는 자라서 신라보다 더 큰 나라를 세웠습니다.
옛 고구려의 정신을 다시 잇는 나라였습니다.
궁예라는 이름을 가진 이 아이의 이야기를 들어 볼까요?

글 _ 이강엽

연세대학교 국어국문학과에 들어간 뒤 줄곧 우리 옛 문학을 공부하여, 같은 학교에서 박사 학위를 받았습니다. 옛 문학 중에서도 주로 이야기가 있는 서사 문학에 관심이 있어 고전 소설과 설화 등을 연구했으며, 우리 옛 문학을 쉽게 이해할 수 있는 책을 쓰는 일에도 힘을 쏟고 있습니다. 지금은 대구교육대학교 국어교육과에서 초등학교 교사가 될 사람들에게 옛 문학을 가르치고 있습니다. 지은 책으로는 《인물 삼국유사 1, 2, 3》《이순신》《덜덜이와 비단주름과 큰손발이》《옹고집전》《구운몽》 등이 있습니다.

그림 _ 류동필

홍익대학교에서 시각디자인을 공부하고, 지금은 경기도 용인에서 어린이 그림책에 그림을 그리고 있습니다. HIIP(홍익 일러스트 파워) 그룹 전시회에 참여하고, 개인전도 열었습니다. 지은 책으로는 《테크니컬 정밀묘사》가 있고, 그린 책으로는 《생활사 박물관》《산상왕과 주통촌 처녀》《소가 된 게으름뱅이》《은혜 갚은 소년》《마술 맷돌》《이순신》《이성계》《왕건》《징기스칸》 등이 있습니다. 이 책에서는 역사적 배경과 주인공의 성격을 살리기 위해 아크릴 물감의 두터운 질감과 힘이 있으면서도 섬세한 기법을 사용했습니다.

감수 _ 김영심

서울대학교 국사학과를 졸업하고, 같은 학교 대학원에서 한국 고대사를 전공하여 박사 학위를 받았습니다. 한국학중앙연구원, 서울대 규장각을 거쳐 지금은 가톨릭대학교 교양교육원 교수로 있습니다. 지은 책으로는 《한강에서 일어난 백제》《백제의 지방통치》(공저)《고대 동아세아와 백제》(공저) 등이 있습니다.

고구려를 되살린
궁예

원작 김부식 | **글** 이강엽 | **그림** 류동필

여원미디어

어느 산속 마을, 한 아이가 친구들과 뛰어놀고 있습니다.
덩치도 크고 명랑한 아이였습니다.
얼마나 험하게 놀던지 다칠까 봐 아슬아슬했지요.
"어이, 애꾸눈. 이쪽이야 이쪽!"
친구 하나가 아이를 놀리는 말이 들렸습니다.
멀리서 지켜보던 아이 엄마는 눈물을 흘렸습니다.
엄마는 아이를 불러서 집으로 들어갔습니다.
"궁예야, 너도 이제 열 살이 넘었는데 놀려고만 하니
더 이상 가만 있을 수가 없구나. 이제는 알려 줄 때가 된 것 같다."
엄마가 들려준 이야기는 아주 놀라웠습니다.

"궁예야, 잘 들어라. 나는 너의 엄마가 아니란다.
너의 아버지는 왕이셨고, 어머니는 후궁이셨단다.
나는 네게 젖을 먹이는 유모였어.
넌 5월 5일에 태어났단다.
이날은 단오 명절로 특별한 날이지.
그런데 네가 태어난 날에 이상한 일이 있었단다.
네가 태어나던 외갓집 지붕에 하늘에서부터
흰빛이 무지개처럼 뻗어 내렸어.
그뿐이 아니야. 너는 날 때부터 이가 나 있었지."

"네가 태어나던 날 이상한 일들이 벌어지니까
왕은 점을 치는 벼슬아치에게 물었어.
벼슬아치는 불길한 징조이니,
너를 길러서는 안 된다고 했지.
왕은 그 말을 믿고 너를 죽이라고 했단다.
나는 몰래 숨어서 집 밖으로 던져진 너를 받아 냈어.
그런데 그만 내 손가락에 네 한쪽 눈이 찔리고 말았지.
나는 너를 안고는 죽을힘을 다해 뛰었단다.
그때부터 너를 몰래 길러 왔는데, 네가 이리 경망스러우니
언젠가는 살아 있다는 사실이 알려질 게 뻔하구나.
그렇게 되면 너나 나나 모두 죽은 목숨이란다."

궁예는 지금껏 엄마로 알고 있던 사람이 유모이며,
자신이 왕자라는 사실에 너무도 놀랐습니다.
자신이 버려졌다는 것은 더 큰 충격이었지요.
하지만 슬픔도 뒷전이었습니다.
우선 살고 보아야 하니까요.
궁예는 어머니에게 걱정을 끼쳐 드리지 않으려고
곧장 집을 떠나 세달사라는 절로 들어갔습니다.
궁예라는 이름도 '선종'이라는 스님 이름으로 바꾸었지요.
그렇게 스님이 되었지만, 활달한 성격은 변하지 않았습니다.
"자네는 가만히 앉아 불경이나 읽지 않고 왜 그렇게 밖으로 나다니나?"
다른 스님들이 이상한 듯 물으면 궁예는 이렇게 대답했습니다.
"불교 공부가 어디 책만 가지고 되나요? 세상을 알아야지요."
한마디로 궁예는 좀 별난 스님이었답니다.

시간이 흘러 궁예는 어느덧 청년이 되었습니다.

하루는 궁예가 부처님께 공양을 드리러 가고 있었어요.

그런데 까마귀 한 마리가 날아와 바리때*에 무언가를 떨어뜨렸어요.

'왕(王)' 자가 새겨진 상아 조각이었습니다.

'대체 이게 무슨 뜻일까?'

궁예는 그 조각을 손에 쥐고는 깊은 생각에 빠졌습니다.

그러다가 자신이 원래는 왕자였다는 생각이 머리를 스쳤습니다.

'맞아! 하늘이 나를 버리지 않으셨구나.'

그때부터 궁예는 마음속 깊은 곳에 이 글자를 깊이 새겼습니다.

*바리때 _ 스님의 밥그릇.

왕이 되겠다고 결심한 뒤로 궁예는 행동거지가 달라졌어요.
우선 여기저기 돌아다니면서 나라 사정을 살펴보았지요.
이즈음의 신라 형편은 세력 있는 사람들이 군대를 모아
왕의 명령에 따르지 않고 제멋대로 행동했으며,
백성들은 계속되는 흉년에 먹을 것이 없었습니다.
또 여기저기서 도적이 들끓어 나라가 어지러웠지요.
'아, 나라 살림이 어려우니 백성들만 고생이로구나.
저 사람들을 어떻게 도와야 할까?'
궁예는 점점 고민이 깊어졌습니다.

궁예는 마침내 결심했습니다.

'내가 이 어지러운 나라를 바로잡겠어.'

892년, 궁예는 세상 밖으로 나섰습니다.

마침 뜻이 맞는 몇몇 사람들이 궁예를 따라 주었습니다.

"고맙소. 내가 여러분의 앞에 서겠소!

나는 반드시 평화롭고, 백성이 행복한 나라를 만들 것이오!"

궁예는 북원(강원도 원주)의 양길을 찾아갔습니다.

양길에게서 군사를 얻은 궁예는 신라 군대와 싸워서 이겼습니다.

2년쯤 지나자, 궁예는 군대를 이끄는 능력과 자신감이 커졌습니다.
그래서 양길을 떠나 명주(강원도 강릉)로 갔습니다.
이때 3천 5백 명이나 되는 군사들이 궁예를 따랐습니다.
"군대를 모두 열네 개의 작은 부대로 나누고,
각 부대는 능력 있는 장수들이 지휘하도록 하겠다.
앞으로 나는 너희들과 삶과 죽음, 괴로움과 즐거움을 함께할 것이다."
궁예는 누구보다 병사들을 공평하게 대했고,
자신이 한 말은 꼭 행동으로 옮겼습니다.
여기저기서 일어났던 농민군도 점차 궁예의 편이 되어 힘을 보탰지요.

궁예의 부하가 되기를 청한 사람 중에는 왕건도 있었습니다.
왕건은 송악(황해도 개성) 지방의 힘 있는 호족이었지요.
백성이 많아지고, 쓸 만한 인재들도 모이자
궁예는 이제 나라의 틀을 갖추어야겠다는 생각이 들었습니다.
"그동안 전쟁에 시달리느라 백성들이 마음 둘 곳이 없었구나.
여봐라, 팔관회를 열어 나라에 공을 세우고 죽어 간
장수와 군사들의 명복을 빌도록 해라."
부하들은 진심으로 머리를 조아렸습니다.
"백성들 모두 크나큰 은혜를 잊지 못할 것이옵니다."

궁예는 왕건에게 신라 땅 곳곳을 치게 했고,
왕건은 그 일을 훌륭히 해냈습니다.
궁예는 영토가 넓어질수록 자신만만해졌지요.
이렇게 궁예의 큰 뜻을 이룰 기틀이 갖추어졌습니다.
901년, 드디어 궁예는 당당하게 선포하였습니다.
"지금부터 나는 군대를 거느리는 장군이 아니라,
나라를 다스리는 왕이다. 고구려의 옛 도읍지 평양성을 보아라.
신라가 당나라와 함께 깨부수어 저리 폐허가 되지 않았느냐!
나는 반드시 고구려의 원수를 갚으리라!"

3년 뒤, 궁예는 나라 이름을 '마진'으로 정했습니다.
'동방의 큰 나라'라는 뜻이지요.
이제 궁예는 제대로 된 나라를 만들기로 했습니다.
관청을 짓고 나랏일을 볼 벼슬을 정했습니다.
"신라에서는 귀족들만 벼슬을 할 수 있다.
내가 세우는 나라에서는 차별이 없어야 한다.
능력 있는 사람은 누구든지 벼슬을 할 수 있도록 하라!"
그러자 신라에서 천대 받던 학자들이 모여들었습니다.
궁예는 도읍을 기름진 땅이 많은 철원으로 옮기고,
경상도와 충청도 일대로 세력을 키워 나갔습니다.
궁예의 기세는 하늘을 찌를 듯 높아만 갔습니다.

911년, 궁예는 나라 이름을 다시 '태봉'으로 바꾸었습니다.
태봉의 영토는 황해도와 평안도까지 뻗어 나갔지요.
고구려를 잇겠다는 궁예의 큰 꿈이 이루어진 셈이지요.
하지만 궁예는 만족할 수 없었습니다.
'백성들이 배부르게 먹고, 전쟁을 하지 않는 것만으로
왕이 할 일을 다한 것은 아니야.'
궁예는 백성들의 마음을 편안하게 해 주기 위해
직접 부처님 말씀을 전하며, 불교에 대한 책을 썼습니다.
궁예는 스스로를 세상을 구원하러 온 '미륵불'이라 하고,
아들은 '보살'로 불렀어요.
백성들은 궁예가 자신들을 구원해 줄 것이라 믿고 따랐지요.
궁예는 기뻤습니다.
'그래, 바로 이거야. 백성들을 힘으로만 다스려서는 안 되지.'

시간이 갈수록 궁예는 불교에 깊이 빠져 들었습니다.
금으로 만든 관을 쓰고 가사를 걸쳤으며,
나들이할 때면 화려하게 꾸민 백마를 타고,
어린아이들에게 향과 꽃을 받들며 앞서게 하였습니다.
궁예는 점차 불교에만 치우쳐 나랏일에는 소홀해졌지요.

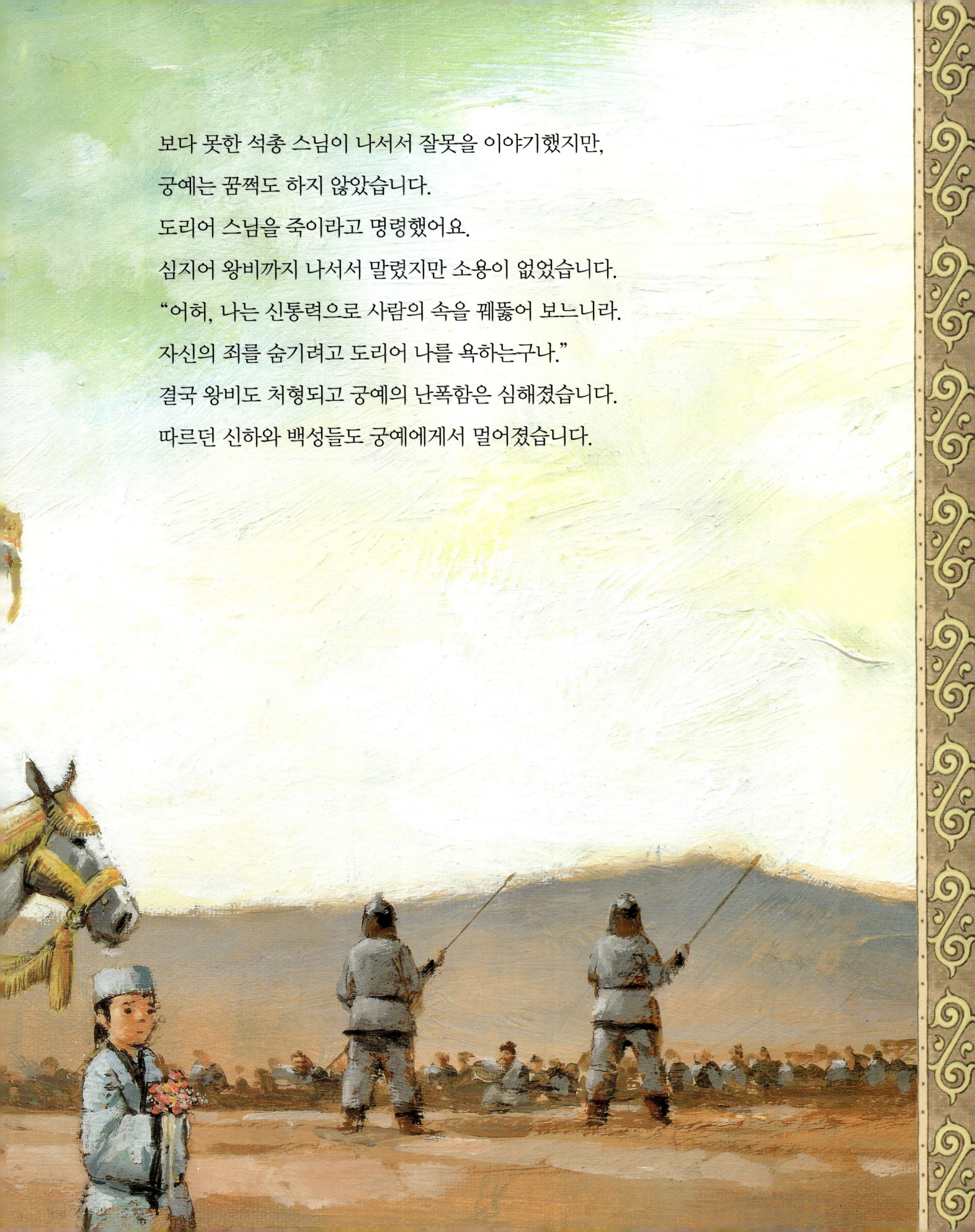

보다 못한 석총 스님이 나서서 잘못을 이야기했지만,
궁예는 꿈쩍도 하지 않았습니다.
도리어 스님을 죽이라고 명령했어요.
심지어 왕비까지 나서서 말렸지만 소용이 없었습니다.
"어허, 나는 신통력으로 사람의 속을 꿰뚫어 보느니라.
자신의 죄를 숨기려고 도리어 나를 욕하는구나."
결국 왕비도 처형되고 궁예의 난폭함은 심해졌습니다.
따르던 신하와 백성들도 궁예에게서 멀어졌습니다.

신하 몇몇이 나라를 걱정한 끝에 왕건을 찾아갔습니다.
"더 이상은 참을 수 없습니다. 누군가가 나서야만 합니다."
궁예를 몰아내고 왕이 되어 달라는 것이었지요.
그러나 왕건은 선뜻 나서지 않았습니다.
"왕이 포악하다고 해서 갑자기 몰아낼 수 있겠소?
게다가 그런 일은 덕이 많은 사람이 해야 하는 법인데
나는 그렇지 못하니 감당할 수 없소."
왕건이 뜻을 굽히지 않자 부인까지 나서서
사람들의 뜻을 따르라고 청했습니다.
마침내 왕건은 궁예를 치기로 결심했습니다.

왕건이 장수들과 함께 쳐들어온다는 소식을 듣고,
궁예는 두려움에 떨었습니다.
그는 허름한 옷으로 갈아입고 황급히 숲 속으로 도망쳤지요.
그러나 머지않아 백성들에게 잡히고 말았습니다.
여기저기서 사람들이 몰려들기 시작했습니다.
사람들은 궁예에게 야유와 욕설을 퍼부었습니다.
궁예의 한쪽 눈에 굵은 눈물이 흘러내렸습니다.
궁예는 그렇게 죽어 갔습니다.
궁예가 나라를 세우겠다고 나선 지 28년 만의 일입니다.

혼란의 소용돌이 속에 살았던 궁예

궁예는 천당과 지옥을 오가는 삶을 살았어요. 왕실에서 태어났지만 버림받았고, 승려가 되었지만 평생을 전쟁터에서 보냈지요. 또 새 나라를 세워 훌륭한 정치로 좋은 인재를 끌어 모았지만 결국은 왕위에서 쫓겨났어요. 자, 그럼 궁예를 직접 만나 볼까요?

안녕하세요? 저는 궁금이입니다. 오늘은 통일 신라 말기에 활약했던 궁예왕을 모셨습니다. 우선 호칭부터 어떻게 해야 할지 고민입니다.

호칭은 아무래도 좋소. 왕이라고 해도 좋고, 미륵 부처라고 해도 괜찮소. 오늘은 그냥 편하게 궁예라고 합시다.

> 난 왕씨인데……
> - 왕건

> 난 왕손이라우!
> - 궁예

가장 궁금한 것부터 질문하겠습니다. 짧은 시간에 세력을 키울 수 있었던 비결이 무엇입니까?

나는 본래 신라 왕실의 피를 받고 태어났소. 그런 내가 나라를 세우는 것은 반란이 아니라 당연한 권리라고 생각했소. 주저할 필요가 없었지. 나는 썩은 정치를 펴는 신라 왕들과는 달리 모든 것을 거침없이 새롭게 바꾸어 나갔소. 그러니 자연히 세력이 커진 것이오. 내 자랑 같아서 좀 그렇지만, 카리스마가 뛰어난 내가 어찌 견훤이나 왕건 따위와 비교되겠소?

🧑 **사람들은 흔히 궁예와 견훤, 왕건을 맞수라고 하는데, 전혀 그렇게 생각하시지 않는 모양이군요?**

말도 안 되는 소리! 견훤은 기껏해야 신라의 병졸 출신이고, 왕건은 장사치의 아들이오. 왕손인 나와 비교할 수도 없이 하찮은 혈통이지. 다만 견훤은 여러 계층의 사람들이 따랐고, 전략과 전술에 뛰어났기 때문에 그만큼이나 한 것이지. 또 겁쟁이였던 왕건은 내 밑에서 때를 기다린 덕에 고려를 세운 것이오. 그런 그들이 나를 따라올 수는 없는 일이오.

🧑 **바로 그 점이 궁금합니다. 그렇게 훌륭한 분이 어째서 실패하셨는지요?**

음, 그것 참 어려운 질문이군. 한마디로 말하면 내가 너무 잘나서 그런 것이 아닐까 하오. 견훤은 보잘것없었지만 아랫사람들을 잘 써서 나라를 안정시켰고, 왕건은 적극적으로 나서지는 않는 대신 차분하게 자기 세력을 키웠지. 그런데 나는 내 판단에 따라 무슨 일이든 용감하게 해치웠소. 쓸 만한 인재는 신분을 가리지 않고 다 썼으니까. 하지만 누구든 문제가 발견되면 가차 없이 쳐 없앴소. 절대로 인정에 얽매이지 않았지. 그런데 바로 그 점이 문제였던 것 같소.

🧑 **인정에 얽매이지 않은 게 문제였다고요?**

그렇소. 그 때문에 사람을 포용할 수 없었소. 난 사람 마음을 다 읽어 낼 수 있다고 믿었기 때문에 내 마음대로 해도 된다고 생각했소. 심지어는 중국 대륙까지도 정벌할 수 있다고 생각했는데, 돌이켜 보면 너무 지나쳤지. 결국 나의 고집 때문에 사람들이 다치고 내게서 등을 돌렸소. 나 혼자 할 수 있는 건 아무것도 없다는 것을 너무 늦게 깨달았지.

> 신분이 밥 먹여 주나?
> — 견훤

> 지금까지 **궁예 왕의 카리스마**가 느껴지는 인터뷰였습니다.

새로운 사회를 꿈꾸는 사람들

삼국을 통일하고 찬란한 문화를 이룩하면서 눈부시게 빛나던 신라는 궁예가 철원에서 후고구려를 세울 무렵, 어느새 그 빛을 다한 채 몰락의 길로 접어들고 있었어요. 신라 말기에는 또 어떤 일들이 있었을까요?

 새로운 사회를 준비하는 지방 세력들

신라 말기, '호족'이라고 불린 사람들이 있었어요. 궁예, 견훤, 왕건도 모두 호족이었지요. 호족은 한 지역에서 오랫동안 터를 닦은 지방 세력가들로, 개인적으로 군대를 거느리고, 지방을 직접 다스리면서 세금을 거둬들였어요. 호족 세력은 자신들의 능력을 펼칠 때를 기다리면서 새로운 사회를 준비했지요.

> 난 해상 무역을 해서 돈을 모았지.

> 난 이곳에서 조상 대대로 살면서 힘을 키웠어.

> 난 변경 지방을 지키면서 군사력을 키웠어.

> 난 권력 다툼에 밀려 지방으로 내려온 진골 귀족이야.

들불처럼 번져 간 농민들의 반란

신라 곳곳에서 농민들의 반란이 일어났어요. 농민들은 몇 년째 이어진 흉년 때문에 먹고살기조차 막막했어요. 그런데 관리들이 많은 세금을 거둬들이자 분노가 폭발하여 반란을 일으키고, 관아를 습격하는 도적 떼가 되었지요. 원종과 애노가 사벌(상주) 지역에서 처음 일으켰던 농민 반란은 곧 전국으로 번져 나갔어요.

신라 말기의 혼란한 사회 모습

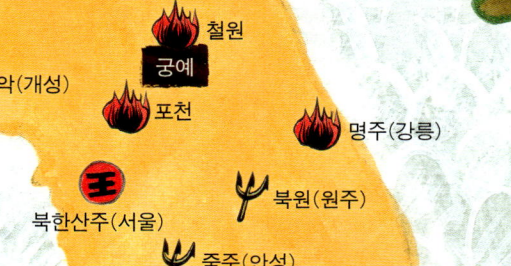

- 지방 호족 세력 지역
- 농민 반란 지역
- 왕위 계승 다툼 지역

왕이 되려고 싸우는 진골 귀족들

신라 말기에는 진골 귀족들이 서로 왕이 되기 위해 다투는 경우가 많았어요. 힘 있는 귀족이 저마다 왕위를 넘보는 바람에 왕의 권위는 땅에 떨어졌고, 심지어는 왕이 죽임을 당하기도 했지요. 혜공왕 때부터 신라가 멸망할 때까지 155년 동안 왕이 스무 번이나 바뀔 정도로 매우 혼란스러웠어요.

철원에 세운 궁예의 꿈

궁예가 세운 나라를 보통은 후고구려라고 부르지만, 진짜 이름은 '태봉'이에요. 동쪽에서 가장 큰 나라를 세우겠다는 꿈을 품었던 궁예는 도읍지를 철원으로 정했지요. 철원에 세워진 태봉국 도성은 어떤 모습이었을까요?

태봉국 도성

오랜 세월이 지나 흔적을 찾기 힘들어요. 특히 지금은 도성 터가 비무장 지대 안에 있기 때문에 찾아가 볼 수도 없지요. 옛 기록과 남아 있는 유물들을 통해 추측해 보면 외성과 내성으로 나누어져 있고, 내성 안에 왕궁성이 있는 3중 성이었어요. 제1내성은 왕궁성, 제2내성은 미륵전이었다고 해요. 대부분 흙으로 쌓았지만, 일부분은 현무암을 섞어서 쌓기도 했어요. 또 동서남북 네 곳에 성문이 있던 평지성이고, 직사각형 모양으로 추측하고 있어요.

서문

우물

해자 적으로부터 성을 지키기 위해 성 주변에 파 놓은 도랑이에요.

비석

남문

석등

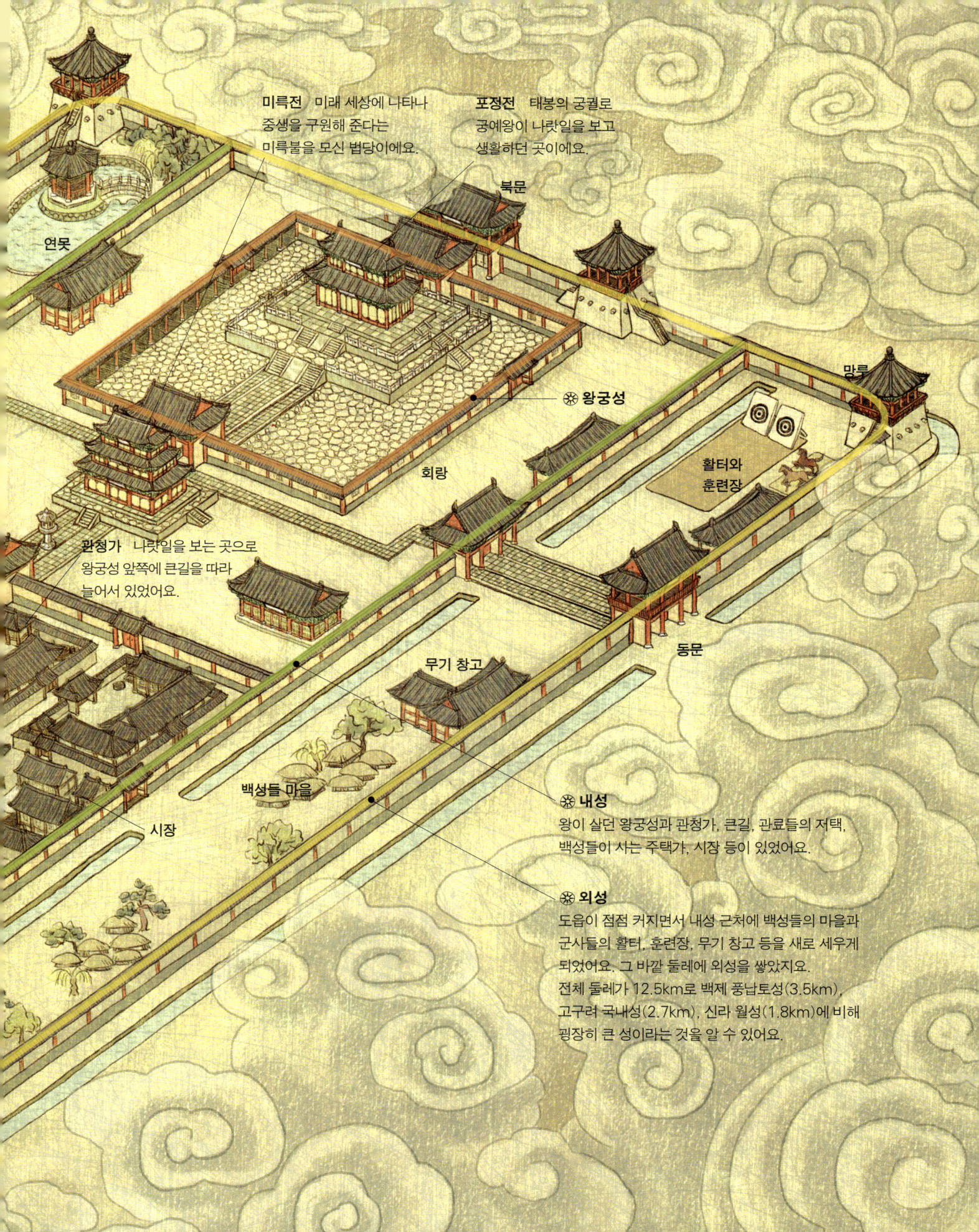

● 부록

인물과 함께 글 이강엽 | 그림 시은경
시대를 알고 글 성미애 | 그림 시은경
박물관 나들이 글 성미애 | 그림 김남진

● 사진 출처 및 제공처

인트로 토픽포토
시대를 알고 남자토용 _ 국립경주박물관(경박200801-001) ·《한국 전통 복식 이천 년》, 국립대구박물관, 2002

※ 이 책에 사용한 모든 자료의 출처를 밝히기 위해 최선을 다했습니다. 빠지거나 잘못된 점을 알려 주시면 바로잡겠습니다.

● 일러두기

· 맞춤법, 띄어쓰기는 국립국어연구원에서 펴낸〈표준국어대사전〉을 기준으로 삼았습니다.
· 외국 인명, 지명은 국립국어연구원에서 펴낸〈외래어 표기 용례집〉을 따랐습니다.
  단, 중국 지명은 현지음에 따랐습니다.
· 역사 용어는 교육인적자원부에서 펴낸〈교과서 편수자료〉에 따르되, 어려운 용어는 쉽게 풀어 썼습니다.
· 옛 지명은 ( ) 안에 현재 지명을 함께 적었습니다.
· 연도나 월은 1895년 태양력 사용을 기점으로 이전은 음력으로, 이후는 양력으로 표기했습니다.

탄탄 뿌리깊은 삼국사기 고구려를 되살린 궁예

펴낸이 김동휘 | **펴낸곳** 여원미디어(주) | **고객상담실** 080-523-4077
주소 경기도 파주시 회동길 130(문발동) 탄탄스토리하우스
출판등록 제406-2009-0000032호 | **홈페이지** www.tantani.com
글 이강엽 | **그림** 류동필 | **감수** 김영심 | **기획** 아우라, 이상임 | **총괄책임** 김수현
편집장 이정희 | **기획 편집** 조승현, 이혜영 | **디자인기획** 여는 | **본문 디자인** 여는, 윤지현
표지 · 부록 디자인 퍼블릭디자인 섬 | **사진진행** 시몽 포토에이전시
제작책임 정원성

판매처 한국가드너(주) | **마케팅** 김미영, 오영남, 전은정, 김명희, 이정희

ⓒ여원미디어 2008 ISBN 978-89-6168-187-2 ISBN 978-89-6168-209-1(세트)

이 책은 저작권법에 따라 보호되는 저작물이므로, 무단으로 이 책의 전부 또는 일부를 복사, 복제, 배포하거나 전산장치에 저장할 수 없습니다.

⚠ 주의 1. 책 모서리가 날카로워 다칠 수 있으니 사람을 향해 던지거나 떨어뜨리지 마십시오.
     2. 보관 시 직사광선이나 습기 찬 곳은 피해 주십시오.

《삼국사기》 권제50 열전 제10 궁예 편의 원전이다.